rbl

momente des abschieds

poesie

ruth barbara lotter

*Bibliografische Information der Deutschen Nationalbibliothek:
Die Deutsche Nationalbibliothek verzeichnet diese Publikation
in der Deutschen Nationalbibliografie; detaillierte
bibliografische Daten sind im Internet über
http://dnb.dnb.de abrufbar.*

© 2016 Ruth Barbara Lotter
words & photos & design by Ruth Barbara Lotter

www.ruthbarbaralotter.com

*Herstellung und Verlag: BoD – Books on Demand,
Norderstedt
ISBN 978-3-7412-2878-0*

Meine sieben mageren Jahre begannen mit dem Tod meines Vaters und endeten mit dem meiner Mutter.

Die Schatten davor und danach scheinen verschwunden, doch sie waren da und legten sich unmerklich auf mich. Lange wollte ich sie nicht wahrhaben. Inzwischen wurden sie ein Teil von mir, wie sie sonnigen Seiten auch.

In jener Zeit starben Freunde, gingen Freude, gingen Jobs auf unterschiedliche Art und Weise. Der Abschied zeichnete mein Leben.

Still und alleine zog ich mich zurück.

In diesen Jahre kamen Wörter und ich sammelte sie. Eines Tages stellte ich erstaunt fest, dass vieles meines heutigen Glücks damals gesät wurde, in der Tiefe schlummerte, bis die Kraft zum Wachsen erreicht war, die ersten Triebe auftauchten und ich, wie eine Pflanze, wieder dem Licht zustrebte.

Wörter halfen mir zu überleben.

Hier sind einige versammelt. Ich will die dunklen nicht vergessen, sie sind ein Teil von mir.

Tod

Stille

Jetzt steht sie still,
die Zeit.

nach Wochen,
wo jede Umdrehung
etwas Neues brachte,
ist es still.

am Morgen krähte ein Rabe
und kündigte das Schweigen an.
wann wird sich die Starre lösen?
noch sehe ich kein Ende.

bewegungslos
warte ich auf das Unaufhaltsame,
harre dem Unwiederbringlichen,
suche den stetigen Wandel.

noch steht sie still,
die Zeit.

der Rhythmus der anderen Seite

meine Traurigkeit hält alles gefangen.
wie langsam sie in mein Leben schlich.
still und heimlich.
in jener Zeit;
als ich mich in jeden Tag neu verliebte.

das Leben war einfach.
ein lautes Lachen, ein Tanz mit einer Brise,
eine Melodie, die aus der Erde heraus
meinen Körper erfasste
und durch meinem Mund ins Freie strömte.

allein, wenn ich die Augen öffnete,
war ich glücklich.
und ich wusste, dass ich nichts weiß,
dass ich nicht weiß,
wie ich diese Liebe zum Leben festhalten könnte.

die Traurigkeit war stärker.
sie legte sich auf mich,
die klaren lebendigen Farben,
die mein Leben zeichneten,
wurden matt.

und dennoch habe ich den Geschmack nicht verloren,
ich spüre es noch
in meinem Mund, in meinen Augen, in meinem Sein,
das Lachen, das Tanzen, das Lieben.
nur mein Herz springt nicht mehr so hoch.

das sehe nur ich,
das spüre nur ich,
das höre nur ich,
ich weiß, wie es sich anfühlt,
wenn das Leben tanzt mit mir.

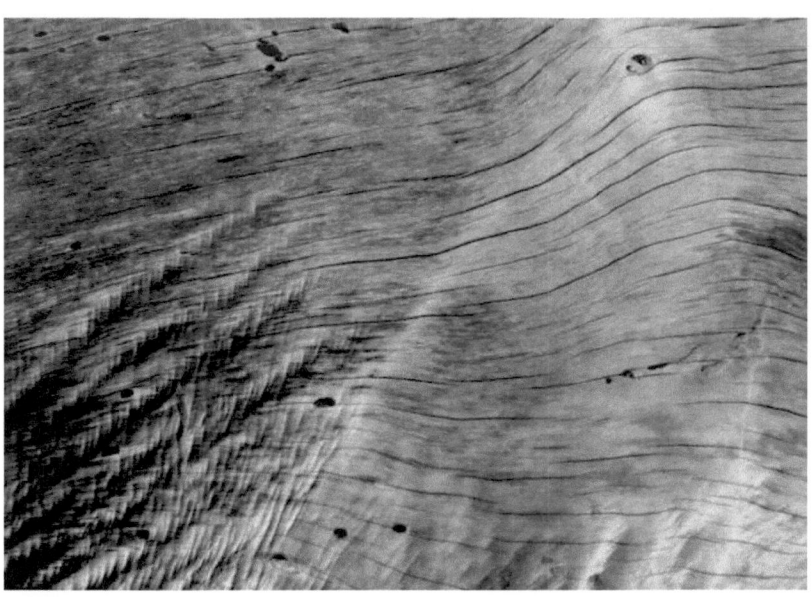

du schöne Frau

du, Frau mit den tausend Ohren
hörtest uns allen zu
und wurdest nicht müde,
bis jetzt.

nun ist der Moment,
wo wir schweigend neben dir stehen
und unsere Dankbarkeit
im Herzen tragen.

uns bleibt nur
der Abschied,
dich in Gedanken umarmen, herzen und drücken
und eigentlich will ich lachen für dich.

ich übte
mit wenig Erfolg
wissend von der Beständigkeit
der ewigen Veränderung

plötzlich durchflutet
mich das Wissen,
dass du
für uns alle da bist -
jederzeit und überall.

der Tanz mit der Göttin

als ich es wagte, dich zu treffen,
sah ich eine Göttin.
ich bestaunte deine Schönheit
und verstummte, um deine Weisheit zu sehen.
still verneigte ich mich tief.

aber deine Mutter sagte mir,
ich soll mit dir tanzen.
du bist so wunderbar.
ich wage es kaum, dich anzusehen.
wie sollte ich da tanzen?

leise fingst du zu lachen an,
ansteckend,
und ich lachte mit dir.
ich wusste nicht warum,
demütig, verlegen, scheu.

du sagtest:
ich bin nicht mehr
und auch nicht weniger als jeder von uns
gib mir deine Hand
und tanze.

die Göttin nahm meine Hände
und wir begannen uns zu drehen.
während ich sie anblickte,
begriff ich,
dass wir die Welt umarmten.

erster Abschied

wenn es laut ist,
bin ich langsam
wie noch nie.

wenn es leise ist,
höre ich eine Unruhe
wie noch nie.

um mich herum
ist alles
doppelt so schnell.

ich sehe nicht mehr,
wie sich die Welt
um mich dreht.

innen drinnen
zittert es
und hört nicht auf.

die Freude zu sein

ich habe mich gefragt,
ob dort,
wo du jetzt bist,
jemand ist,
der dir zeigt,
wie schön es ist, zu sein.

denn ich frage mich,
ob einst,
was immer du damals erlebt hast,
jemand war,
der dir zeigte,
wie es funktioniert, zu sein.

denn ich hoffe so sehr,
dass dort,
was immer auch kommen wird,
jemand sein wird,
der sich mit dir freut, zu sein.

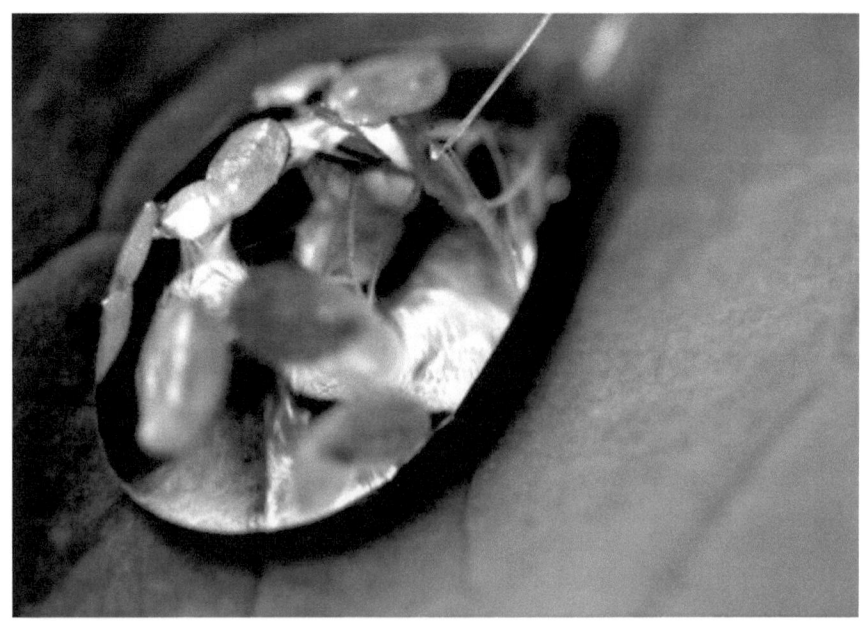

mein Vater

warum hast du nicht gewagt zu erzählen,
wer du bist?
habe ich wirklich mit dir streiten müssen,
dass du mir sagen konntest,
was dir wehgetan hat,
damit ich besser verstehen konnte,
wer du bist.

warum hast du nicht gewagt zu erzählen,
was dir weh tut?
ich hab deinen Schmerz gespürt,
habe nicht gefragt, und du hast nichts gesagt,
ich habe deine Augen gesehen
und spürte,
dir tut etwas weh.

warum hast du nicht gewagt zu erzählen,
dass auch du jung warst?
ich habe nicht gewusst,
dass du nicht soweit weg warst von mir,
mit dem, was du gefühlt hast,
auch wenn es so viel Jahre her war.
du bist gegangen,
ohne dass wir reden konnten.

ich begegne mir

Tränen

manchmal weint mein Körper
blutige Tränen.
und wenn ich sie sehe,
weine ich salzige nach,
und das Salz trocknet das Blut.

es ist so grau
fremd
verschwindet im Nebel

es schmerzt,
dass mein Körper mir Dinge erzählt,
die meine Seele nicht wagt
auszusprechen.

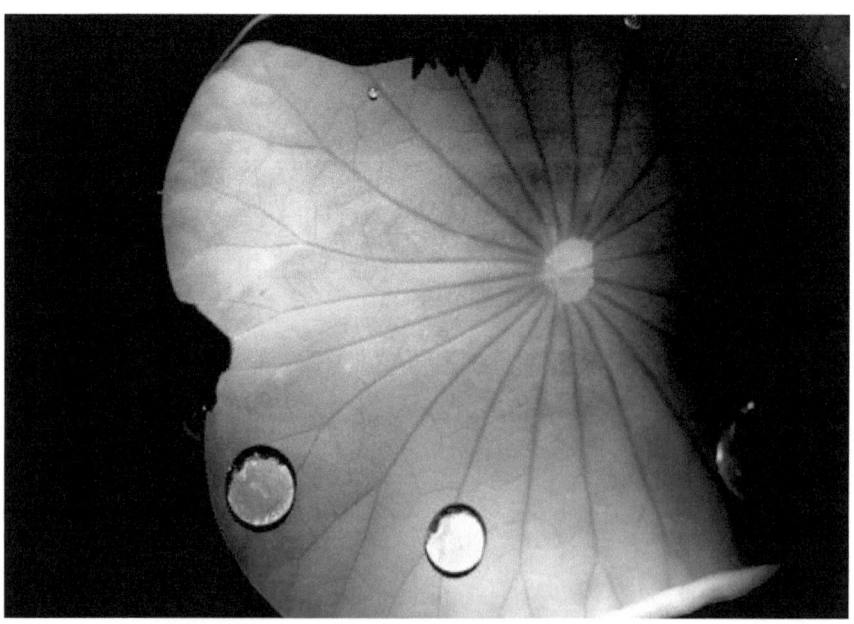

Hitze

ich falle durch ein endloses Universum.
kann nicht sehen,
wo es beginnt und wo es endet.

ich fliege als Wolke,
die niemand berühren kann.
manchmal unsichtbar, nicht existent.

ich fliege über Berge.
das wildeste Gewitter versucht,
meine Tränen als Hagelkörner niedergehen zu lassen.

ich fliege als Wind,
über das Meer mit nichts, um mich anzuhalten,
und trinke eine neue Flasche mit frischen Tränen.

ich fliege über die Wüste,
die Hitze brennt
und ich hoffe, ich vergehe.

auf der sinnlosen Suche
wie ich vernichten könnte,
was ich fühle.

was ist wirklich?

was ich fühle, ist wirklich
vielleicht ist es nicht die Wahrheit außer meiner eigenen
vielleicht ist es nicht richtig außer für mich
das ist meine Wirklichkeit.

was ich denke, ist nicht wirklich
vielleicht ist es die Wahrheit
vielleicht sind es meine Gedanken,
vielleicht auch nicht.

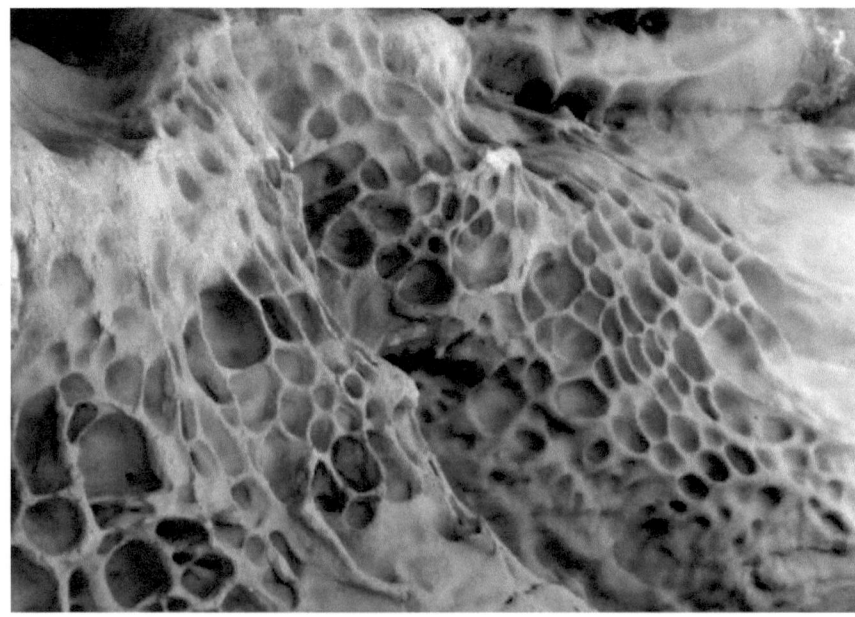

jetzt

jetzt stehe ich hier,
weiß nicht,
ob irgendeine Frage übrig bleibt.

weiß nicht,
wohin die nächste Stufe mich führt.

jetzt stehe ich hier.
ich weiß,
die Welt ist in heller Aufregung.

ich weiß,
die Schönheit ist da,
und will nur eingesammelt werden.

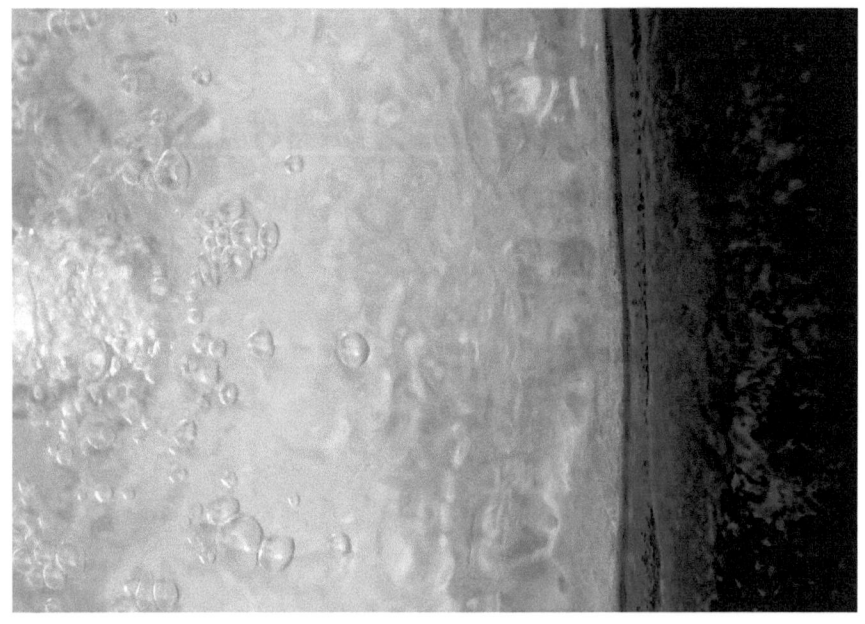

Teil des Universums

ich hatte meine Unschuld verloren,
und sie kam zurück,
als ich bereit war.

ein riesiges Universum der Weisheit
und ich habe ein Teil berührt
als meine Unschuld ein Teil von ihr wurde.

wenn ich versuche, einfach zu sein,
obwohl und gegen alles, was ich je sah,
dann finde ich die Reinheit des Lebens.

mit dieser Unschuld kann ich offen sein,
kann sehen, dass alles richtig ist,
auch wenn ich es nicht verstehe.

jungfräulich bin ich Teil des Universums,
heller und schöner
berührender und zarter.

das ist, was ich probiere.

mein Regenbogen

meine Tränen von heute,
sind mein Regenbogen.

sie bringen Farbe in mein Leben,
trösten mich, wenn ich traurig bin.

sie fallen in die Tiefe
des gefrorenen Lächelns von gestern.

sie springen in Kaskaden über meine Wangen,
wenn das Lachen mich überfällt.

ich lasse sie fließen,
weil ich deinen Schmerz sehe.

sie, die wie Tautropfen entstehen,
um alte Erinnerungen mit frischem Wasser zu beleben.

in die Ewigkeit schauen

meine Liebe macht dir Angst.
wenn ich dich sehe,
möchtest du weg, nur weg.
deine Stimme ist verloren.

die stillen Schreie
verlieren sich in der dunklen Nacht.
ich spüre dein Zittern.
meine Nähe ist Bedrohung.

verlier ich den Verstand?
dort am Grunde des tiefsten Sees,
wo meine Seele wohnt, sehe ich dich,
denn du bist mein Schatten.

ich sehe deine Traurigkeit,
spüre deine Verzweiflung,
meine Traurigkeit, meine Verzweiflung.
schau nur,
ich warte auf mich.

das andere Land

ich bin ganz nah bei mir.
da, wo alles seinen Anfang nimmt
und alles enden wird.

da, wo nur mein Gefühl zuhause ist,
da ist soviel Wunderbares,
aber auch so viel Schmerz.

langsam bekomme ich eine Idee,
wer ich bin,
ohne Mantel der Verleugnung.

ich bekomme Angst,
dass ich nicht mehr weiß,
was tun. die Stimme bricht.

warum nur schmerzt so Vieles,
an diesem Platz ohne Worte,
im Meer der Gefühle?

es geht tief hinunter
in ein unbekanntes Land,
das klarer nicht sein könnte.

die Erinnerung an dieses Land
wurde mir ausgetrieben,
als ob es böse wäre.

es ist so ungeheuer gewaltig.
es ist so unendlich klein.
alles und nichts.

ich bin es nicht mehr gewöhnt
so zu spüren.
noch immer schnapp ich nach Luft.

im Atem des Windes

ich versuche, mit dem Wind zu sprechen,
er berührt mich,
er singt für mich
ein Lied der tausend Blätter,
mit jedem Blatt eine andere Geschichte,
während ich meinen geheimsten Schmerz flüstere.

ich versuche mit dem Wind zu spielen,
er tanzt mit mir,
er spielt mit mir
das Spiel der tausend Blätter,
mit jedem Blatt eine andere Geschichte,
während mein Schmerz sich in seinem Atem verliert.

Wissen

jetzt stehe ich hier
und weiß nicht,
ob noch Fragen offen sind.
und weiß nicht,
wohin der nächste Schritt des Wachsens mich führt.

jetzt stehe ich hier
und weiß,
die Welt schwirrt herum voller Aufregung
und weiß,
die Schönheit ist hier und will nur aufgesammelt werden.

Tränenmeer

ich frage mich,
woher all die Tropfen fallen,
die über meine Wangen gleiten?

ist es meine Wolke,
die sich aus dem bildete,
was ich vergessen wollte?

oder sind es unser aller Träume
die nicht mehr wussten,
wie sie zu träumen sind.

all das Verdrängte stieg zum Himmel,
und die Wolke wurde dichter und dunkler,
bis der erste Tropfen fiel.

als ich zu weinen begann,
wusste ich nicht mehr,
wann ich je wieder aufhören würde.

und nun weine ich,
weil ich nichts anderes weiß,
bis die Wolke geleert und das Meer gefüllt.

langsam lerne ich,
in meinen Gefühlen zu schwimmen,
ich treibe darin, um dann wieder aufzutauchen,

und gebe allem Vergessenen,
das verloren war,
einen Raum der Geborgenheit.

Lebens Raum

Ich stehe dort.
allein.
neue Wege müssen eingeschlagen werden,
aber es ist so schwer, sich zu entscheiden.

Die alte Welt verändert sich,
die Neue ist noch fremd.

Ich wünschte,
ich würde wissen, was zu sagen ist,

aber die verwirrenden Bilder
können mir keine Antwort geben.

Es gibt keinen Ort,
den ich meine Heimat nennen würde,

deshalb sitze ich und warte,
bis ich weiß, wohin ich gehen soll.

einen Ozean voll

ich bin nicht halb so stark,
wie du glaubst.
kein Viertel.
nicht einmal ein Achtel.
denn heute bin ich schwach
und möchte nur heulen,
einen ganzen Ozean voll,
bis er übergeht,
und ich in ihm ertrinke.

Wind

er
weht über mich hinweg.
ich stehe zwar fest,
doch ich spüre,
ich neige mich.

er
bläst mich irgendwohin,
ich will hier stehen,
doch ich fühle,
ich beuge mich.

er
zerzaust meine Gedanken.
ich möchte sie fassen,
doch ich weiß,
ich fliehe davor.

gegenüber

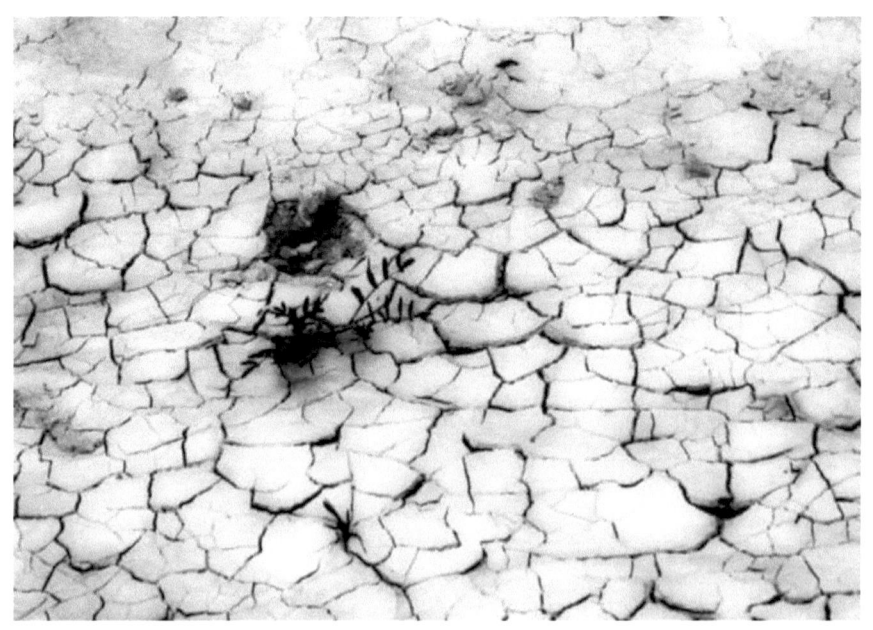

Blick in die Hölle

Ich sehe,
wie du kämpfst.
kämpfst,
um zu wachsen.
und jedesmal
gingst du in die Hölle,
deine eigene Hölle,
von der ich nur ahne,
wie grausam sie ist.
brutal,
mit Schmerzen behaftet.
und manchmal bin ich es,
die dir einen Tritt in die Hölle gibt.
und ich wünsche nur,
ich würde wissen,
was ich tun könnte.
denn ich bin müde,
dich zu verletzen.

ich lebe

ich liege,
spüre dich,
ich spüre dich nah.
alte Ängste steigen herauf,
bereit mich zu verlassen.
sie nehmen meinen Körper
und wehren sich,
während sich trockene Tränen
den Weg nach oben bahnen,
unfähig nur den kleinsten Hauch
der Traurigkeit abzuwaschen.

verborgene Stille

gestern war ich still.
konntest auch du sie hören -
die Stille?
sie flog wie ein Schmetterling um mich.
leicht und fließend,
dem Wind folgend,
tanzte sie in den Sonnenschein.

du warst so laut
und ich begann zu kämpfen,
bis ich verstand,
die Stille kann nicht verteidigt werden.
Tränen stiegen herauf,
als ich versuchte, sie festzuhalten,
während sie schon längst verschwunden war.

erst dann ließ ich es sein.
ich hätte sie gerne geteilt mit dir,
doch es musste nicht sein.
warum konntest du mir meine Ruhe nicht lassen,
wie ich dir deinen Lärm?
deine lauten Schwerter schmerzten,
wann immer sie mich trafen.

die Stille kehrte zurück,
doch diesmal ließ ich sie nur
im Verborgenen summen.
das Glitzern verlor sich
durch meine Traurigkeit.

die Schönheit war verborgen.
die Stille wurde stumm.

getäuscht

ich fühl mich betrogen
so viele schöne Worte
so viele schöne Augenblicke
über Offenheit
und Ehrlichkeit.
Mit keiner Frau hättest du mich
mehr betrügen können
als mit Lügen über
Offenheit und Ehrlichkeit.

dreh dich um

Ich suchte dich
und da standest du
mit dem Rücken zu mir.

ich begriff nur,
dass du nicht weg wolltest
von mir.

und trotzdem konnte ich in dein Gesicht
schon lange nicht mehr sehen
und wagte es nicht, dich zu berühren.

ich wusste,
du willst mir nah sein,
aber du schützt dich auch vor mir.

als ich eines Tages schaute,
wohin du sahst,
wurde ich traurig

sehnsüchtig blicktest du
ins andere Land,
wohin wir alle irgendwann gehen werden.

nur deine Zeit ist noch nicht gekommen
und ich weiß,
du hörst mich nicht, so laut ich auch rufe.

im Durchzug verharren

vielleicht ist es eine Gnade,
Zweifel zu haben,
wenn ich das Leben betrachte.

der Stein, den ich in die Höhe wälze,
lässt mich fragen wozu,
während er den Berg hinunterrollt.

die anderen wissen, was richtig ist.
oder beherrschen sie nur das Schauspiel der Antwort
auf nie gestellte Fragen?

Unsicherheit durch all die Gedanken,
die mir zeigen, dass ich nichts weiß,
bringen mich näher zur Weisheit.

ich vertraue dem Leben,
der Offenheit,
dass du mich verletzen darfst.

im Spiegel die Angst

wenn sich in deinen Augen
meine Angst spiegelt,
zieht es die Füße unter mir weg.

in mir sind nur Tränen,
wenn du fragst,
was ich fühle,
weiß ich es nicht.

es ist die Angst,
die du siehst.
ich bin nur müde
und weiß von nichts.

doch deine Angst
macht mir Angst.
Ich will schlafen.

Ahnung

manchmal
ist das Schwierigste,
wenn ich dir helfen möchte,
nichts zu tun.

manchmal
tut es mir so weh,
wenn ich deinen Schmerz sehe,
nichts zu tun.

manchmal
wäre ich froh,
wenn ich nichts spüren würde,
es täte weniger weh.

mit Schmerzen

wieder
Erwartungen
enttäuscht

wieder
Liebe
verloren

wieder
Schlaf
versagt

wieder
Worte
vergessen

wieder
Menschen
entsagt

wieder
allein
gewesen

wieder
leben
begonnen

Ein Leben in Kreisen. 45 Jahre ist es her, als ich diese Zeilen schrieb.

Inhalt

Tod 7
   Stille 9
   der Rhythmus der anderen Seite 10
   du schöne Frau 13
   der Tanz mit der Göttin 15
   erster Abschied 16
   die Freude zu sein 17
   mein Vater 19

ich begegne mir 21
   Tränen 22
   Hitze 23
   was ist wirklich? 24
   jetzt 25
   Teil des Universums 27
   mein Regenbogen 28
   in die Ewigkeit schauen 29
   das andere Land 30
   im Atem des Windes 32
   Wissen 33
   Tränenmeer 35
   Lebens Raum 36
   einen Ozean voll 37
   Wind 39

gegenüber 41
   Blick in die Hölle 43
   ich lebe 44
   verborgene Stille 45
   getäuscht 46
   dreh dich um 47
   im Durchzug verharren 49
   im Spiegel die Angst 50
   Ahnung 51
   mit Schmerzen 53